LA TIENDA DE MAMÁ Y PAPÁ

Amelia Lau Carling

UN LIBRO TIGRILLO

GROUNDWOOD BOOKS / HOUSE OF ANANSI PRESS   TORONTO BERKELEY

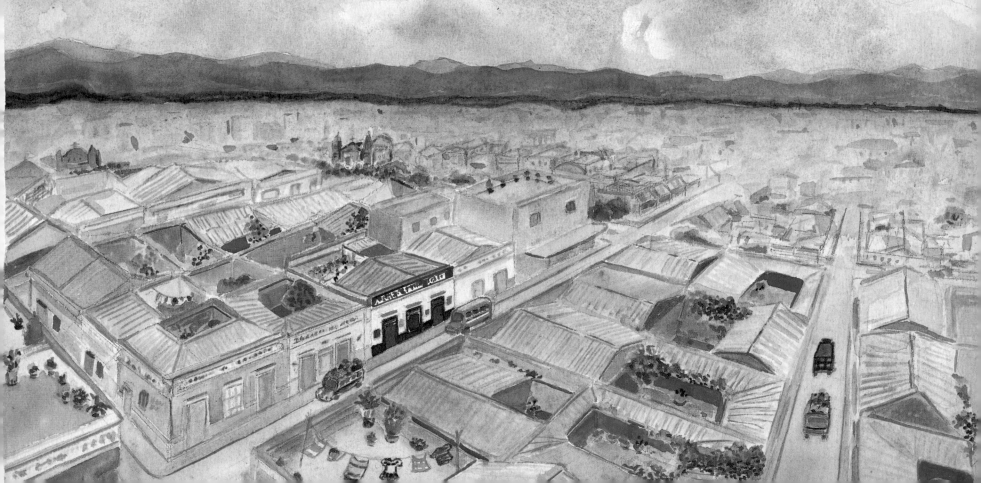

Recordando a Mamá y Papá
En 1938, cuando empezaba la Segunda Guerra Mundial, mis padres,
que para entonces eran una joven pareja, huyeron de la invasión japonesa
en su pueblo de Nueve Ríos, situado en el frondoso delta del Río de la Perla
en Guangdong, China. Como otros de sus paisanos,
se asentaron en Guatemala, país hispanohablante.

Aunque ambos deseaban volver, mamá nunca regresó a Nueve Ríos;
pero papá, ya viudo, viajó de vuelta cuarenta y cinco años mas tarde.
Para festejarlo, encendió cohetes en las tumbas de sus padres
y reunido con sus parientes, celebró un banquete
con las comidas tradicionales de su pueblo natal.

© 1998 Amelia Lau Carling
© de la traducción: 2003 Groundwood Books
Primera edicion en español: Groundwood Books, 2003
Segunda impresión 2005
Publicado por primera vez en inglés por
Dial Books for Young Readers, 1998
Título del original: *Mama & Papa Have a Store*
Traducción de Elena y Leopoldo Iribarren

Groundwood Books /House of Anansi Press
110 Spadina Avenue, Suite 801, Toronto, Ontario M5V 2K4
Distribuido en los Estados Unidos por Publishers Group West
1700 Fourth Street, Berkeley, CA 94710

Library and Archives Canada Cataloguing in Publication
Carling, Amelia Lau
La tienda de mamá y papá / Amelia Lau Carling.
Translation of Mama & Papa have a store.
ISBN-13 978-0-88899-538-4 (bound).–ISBN-13 978-0-88899-547-6 (pbk.)
ISBN-10 0-88899-538-5 (bound).–ISBN-10 0-88899-547-4 (pbk.)
I. Title.
PZ73.C36Ti 2003   j813'.54   C2002-904105-8

Library of Congress Control Number: 2002111828

Diseño y tipografía de Amelia Lau Carling
Caligrafía china de Yang Ming-Yi
Impreso y encuadernado en China

Para

SuLin y Ana MeiLi,

y para

sus primos en todas partes

CLIC, CLOC, CLOC. Oigo al lechero y su carreta tirada por una mula. Toca el timbre y nos deja dos botellas en la puerta.

Clic, cloc, cloc. La mula recorre la calle. Las campanas de la iglesia suenan, los gallos cantan. Mis hermanos y hermanas salen para la escuela. Así empieza el día.

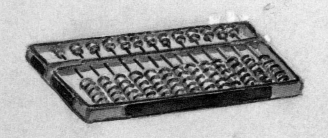

Mamá y papá tienen una tienda, una tienda china en la Ciudad de Guatemala. Venden botones, cintas, hilos y telas. Venden faroles, pelotas plásticas, cohetes y perfume. Agujas, guantes blancos, manteles, botellas de salsa de soya: hay de todo en el almacén de mis padres. Huele a flores y al aserrín húmedo que usan para barrer el piso.

Mamá teje sin bajar la mirada y habla con los clientes en español. La llaman doña Graciela. Pero en chino su nombre significa "Dama que Vive en la Luna".

Papá, en su escritorio, suma y resta con su ábaco. Él es don Rodolfo en español, y en chino su nombre significa "Laguna Fragante".

曾肖嫦
劉澤芬

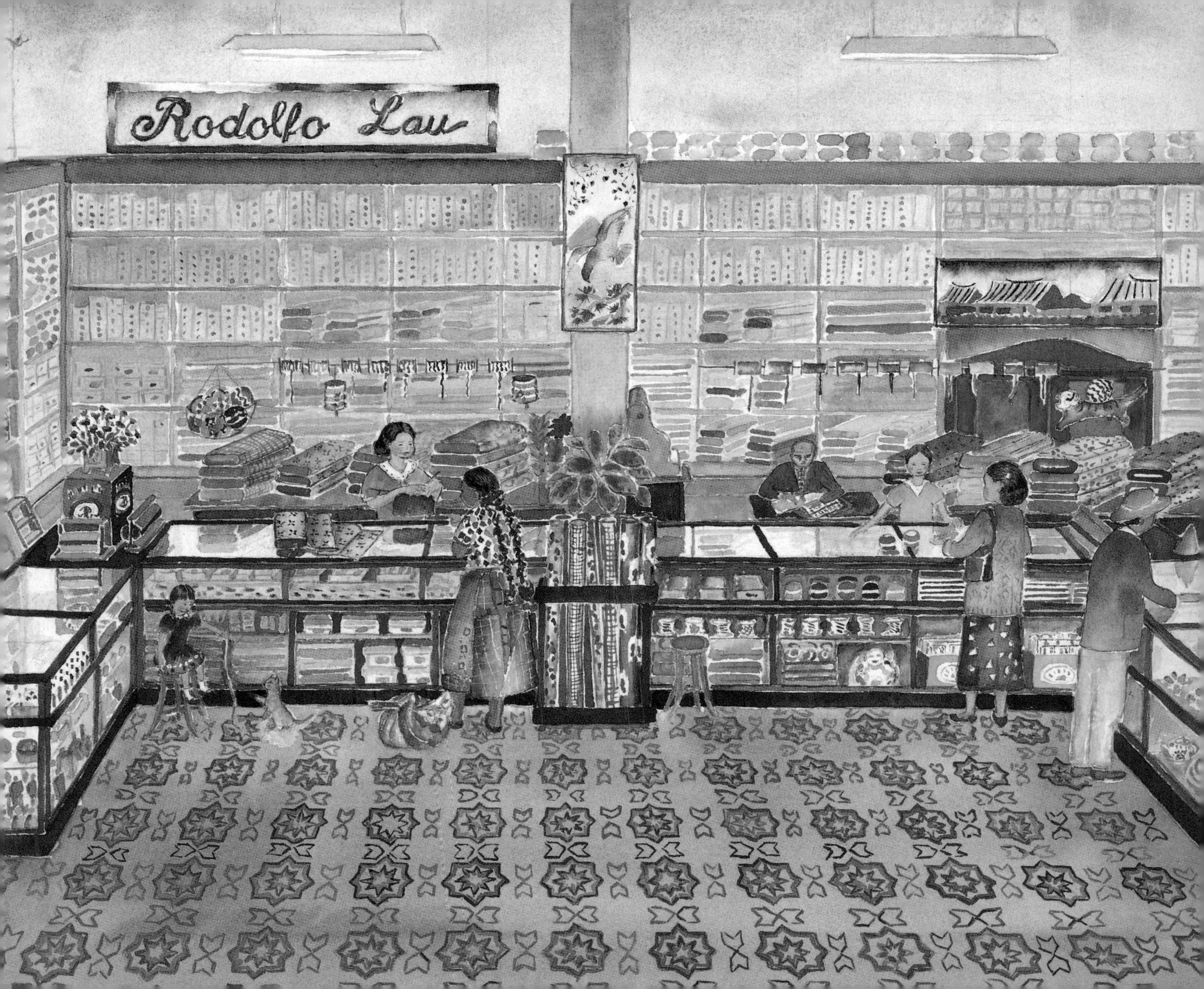
Rodolfo Lau

Desde la grada de la entrada miro la calle.

—¡Buenos días!

Don Chus coloca cuadros de santos a lo largo de la pared. Yo busco
el que muestra a la gente buena subiendo al cielo guiada por los ángeles
y a la gente mala llevada por los demonios hacia las llamas del infierno.

El ciego vende billetes de lotería. He visto a mamá elejir sus
números de la buena suerte y comprar hasta diez billetes al mismo
tiempo. Una vez se ganó la carretilla que tiene en el comedor.

La chiclera ordena filas de dulces en un cajón de madera. Cuando
mamá y papá me dan cinco centavos, compro suficientes dulces como
para llenarme los bolsillos.

Santiago, María y su hija Elsita están hoy aquí. Han venido en una camioneta desde un pueblo indígena que queda muy lejos. Les he oído contarle a mamá que viven, al igual que sus padres y antes sus abuelos, al borde de un lago rodeado por tres volcanes. ¿Te imaginas?

Vienen a comprar hilos para tejer sus ropas. María se inclina sobre el mostrador y mira las filas y filas de hebras de muchos colores arregladas como cardúmenes de peces en agua cristalina.

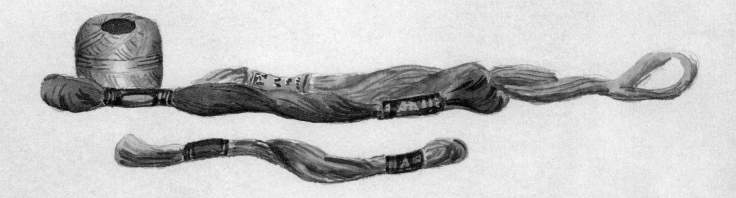

En un español imperfecto ella dice:

—Verde perico, celeste, rojo granada, naranja encendido, pitahaya
y amarillo mango: ésos son los colores de la selva que queremos.

Tejerá venados, pájaros, conejos y jaguares en las ropas nuevas.
Lo sé, porque a menudo mis ojos juegan con los motivos tejidos
en los trajes de los indígenas que vienen a la tienda.

—Corinto manchado, verde iguana, azul marino, amarillo atardecer:
ésos son los colores del pantanal que queremos.

Tejerá agua, truenos, relámpagos y flores en las ropas nuevas.

—Morado volcán, amarillo maíz, rojo chile: ésos son los colores
de la milpa que queremos.

Tejerá niños con sombreros de paja y niñas con canastas sobre la cabeza.

Don Chema, el vendedor de recados chinos, trae tofú fresco. Mamá le compra un poco y lo invita a sentarse a tomar una taza de té servido de un termo como los que ella vende en la tienda.

Mamá, papá y don Chema conversan en chino, riendo y gritando animados. Hablan de Nueve Ríos, su pueblo natal en China: de quién se quedó y quién se fue, de cuán fresco era el pescado y cuáles platos no han comido desde que huyeron hace más de quince años, y de cómo perdieron sus hogares en una guerra terrible. Se quejan de lo lento que es el correo para enviar dinero de vuelta.

Es la hora de cerrar para el almuerzo. Nena, Beto, Mando, Chiqui y Adolfo han vuelto de la escuela. La familia indígena se ha ido a comer y a tomar la siesta en el mercado, a una cuadra de la tienda.

Nosotros comeremos aquí mismo, porque vivimos detrás del almacén. Mamá ya está en la cocina limpiando el pescado, rebanando chiles picantes, picando carne con dos cuchillas. *Taca, taca, cha. Taca, taca, cha.*

Beto nos llama para alimentar las carpas en la pila que está en medio de nuestro patio. Los pescaditos se esconden entre las plantas del fondo, pero en lo que caen las migas de pan sobre el agua salen disparados del verdor profundo.

El fuego ruge en la estufa de leña. La comida chisporrotea en
el *wok*, el sartén chino, y mamá dispone plato tras plato junto a un
montón de tortillas de maíz. Mamá, papá y don Chema, que a menudo
se queda a almorzar, hablan de tíos, tías, amigos y primos en Nueve
Ríos, en Hong Kong y Taiwán. Son personas y lugares tan remotos que
yo sé de ellos sólo por las viejas fotos y las estampas de los calendarios
colgados por toda la casa. Pero ni mis hermanos y hermanas ni yo
prestamos mucha atención.

Estamos ansiosos de terminar de comer para salir a la terraza de la
azotea; se le sube por una escalera vieja y tambaleante que hay cerca
de la cocina.

Allí es donde papá siembra rosas y lirios chinos en cajones de
madera, y donde tiene un paisaje en miniatura de una montaña
de cemento con pagodas chiquitas y carpas rojitas que nadan alrededor.

—Ésta es la famosa Montaña Amarilla en la China antigua –dice él.

Y yo me imagino a mí misma escalando los riscos escarpados
y perdiéndome entre los peñascos. ¡Pero qué maravilloso cruzar
un puente de luna y descansar junto a una pagoda!

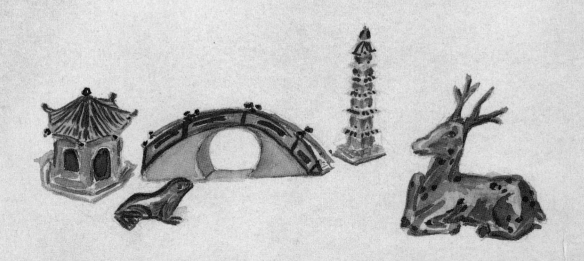

Trepamos al techo por donde es seguro subir. Con velas, Nena, Beto, Mando y yo frotamos cera contra las láminas. Después, sobre trineos de cartón nos deslizamos una y otra vez, riendo y volcándonos contra el muro abajo.

Una nube gris se atraviesa y trae una llovizna. ¡Hay un arco iris en el cielo asoleado!

Pero mamá llama a mis hermanos y hermanas para que vuelvan a la escuela. Don Chema se ha ido a su casa. Mamá se empolva la cara y se pinta los labios. Papá se pone una chaqueta y abre el almacén de nuevo. La familia indígena ya está esperando en la puerta.

—¡Buenas tardes!

La gente entra y sale toda la tarde.

Nubes oscuras barren el cielo, llevándose al sol y soltando gotas grandes y pesadas sobre las láminas del techo. *Ponc, ponc, ponc.* El sonido sobre mi cabeza se hace fuerte, luego se calma y se hace fuerte otra vez. Papá prende las luces.

—¡Ya está oscuro a las tres de la tarde! —dice.

La lluvia golpea el techo tan duro que la gente tiene que alzar la voz.

Cuando mis hermanos y hermanas vuelven a casa de la escuela, hacemos barcos de papel que navegamos a largo de la calle.

Luego acomodan sus libros sobre el mostrador y hacen sus tareas.
De pronto, las luces se apagan. Esto sucede cuando llueve mucho.
Papá busca las lámparas de gas y las bombea mientras sostenemos las
linternas. Cuelga las lámparas encendidas sobre el mostrador
y nosotros hacemos grandes títeres de sombra con los dedos.

Mamá va a la cocina a preparar la cena a luz de la lámpara de gas mientras papá se ocupa de la tienda.

De pronto, las luces se vuelven a encender. Santiago y María atan sus cajas de hilos armando tres bultos. Él carga uno en la espalda, y Elsita y su mamá cargan uno cada una sobre la cabeza. Deben apurarse para alcanzar la última camioneta de regreso a su pueblo.

Es hora de empezar a cerrar el almacén. La lluvia se reduce a una llovizna. Santiago, María y Elsita son los últimos en salir.

—¡Buenas noches!

Papá cubre la vitrina de adelante. Luego cierra todas las puertas y tranca el portón de hierro.

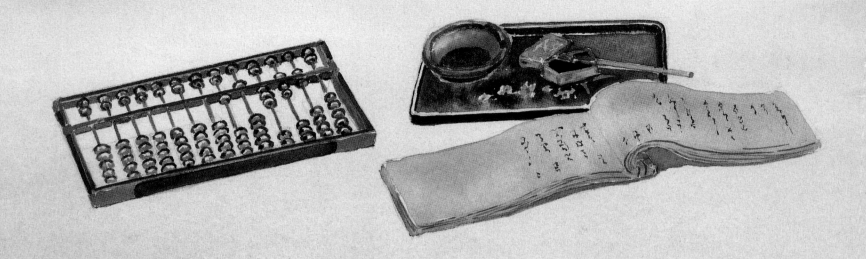

Clic, clac, clac. Papá cuenta el dinero con su ábaco. De una piedrita negra saca tinta negra y con un pincel chino escribe palabras en columnas, de derecha a izquierda, sobre el suave papel de su libro de contabilidad. Mamá termina su tejido. Mis hermanos y hermanas están adentro alistándose para el día siguiente.

Yo canto y bailo sobre las losas del piso. Estoy segura que papá y mamá miran de reojo. *Clic, clac, clac.* Así termina el día.